Valentin Radinger

Schuhe reparieren

Rudolf Müller Fachtips

Verlagsgesellschaft
Rudolf Müller GmbH Köln

Alle Abbildungen in diesem Buch dürfen nur mit Genehmigung des Verlages gewerblich genutzt oder verwertet werden.

Farbabbildungen:
S. 5   Schustermaße, Hist. Museum Frankfurt M., Foto: FRANKFURTER VOLKSBANK EG.
S. 9, 13   Schusterhandwerkzeug
S. 49, 53   Historische Schuhmacherwerkstatt im Bauernhofmuseum Wolfegg
S. 57   Selbstgefertigtes Schuhwerk
S. 64   Schuster Burkhardt bei der Arbeit

CIP-Kurztitelaufnahme der Deutschen Bibliothek

Radinger, Valentin:
Schuhe reparieren/Valentin Radinger. – Orig.-Ausg.
Köln: Müller, 1984.
(Rudolf-Müller-Fachtips)

ISBN 3-481-29651-7

3-481-29651-7

Originalausgabe
© 1984 Verlagsgesellschaft Rudolf Müller GmbH
Alle Rechte vorbehalten
Umschlaggestaltung: Stefan Hermes
Zeichnungen: Sylvia Kost
Fotos: Valentin Radinger, Thomas Weiß
Satz: Typographische Werkstätte Hans Dieter Kluth, Erftstadt
Druck: Druckhaus Rudolf Müller, Köln
Printed in Germany

Inhalt

6	**Einleitung**
8	Das Werkzeug
10	Das Material

11	**Arbeiten an der Sohle**
11	Kanten auffüttern
14	Sohle erneuern
16	Absätze neu belegen
17	Einlegesohlen aus Leder

19	**Nähte und Reparaturen**
19	Vorgang des Nähens
24	Riemen abgerissen
26	Schließe erneuern
29	Öse erneuern
31	Einsetzen eines neuen Reißverschlusses
33	Schlaufe ersetzen
35	Wo der Schuh drückt
35	Platz schaffen für das Hühnerauge
37	Ferse reparieren und neu füttern

41 Schuhwäsche mit Sattelseife

41 Säubern, färben, imprägnieren

44 Der Gummistiefel hat ein Loch

46 Defekt an anderen Gummischuhen
47 Tips
54 Häufige Fehler

Einleitung

Schuhmacher sind selten geworden.

In der Schuhreparatur ist Do-it-yourself viel einfacher als Sie denken. Von den ungezählten Schuhmacherwerkstätten früherer Zeiten sind wenige geblieben. An vielen Orten finden sich keine mehr, und die wenigen übrigen Schuhmacher haben neuerdings so viel zu tun, daß sie nicht alle Arbeiten annehmen können, und daß der Kunde Wartezeiten in Kauf nehmen muß. Zeitraubende Reparaturen wird der Fachmann in jedem Fall ablehnen, weil er seine Zeit berechnen muß. Werkstätten, die von Schuhkaufhäusern betrieben werden, neigen ohnedies dazu, zum Neukauf zu raten. Nicht alle, aber viele Arbeiten können Sie selbst zuhause ganz brauchbar ausführen. Was tut's, wenn das Ergebnis kritischen Fachmannsaugen nicht in allen Dingen standhält! Manches können Sie gar besser machen als der Schuhmacher, weil Sie sich Zeit nehmen können, und weil Sie Ihren Fuß als Maß und Muster zur Verfügung haben. Für eine Heimwerkerseele ist es zudem doch eine schöne Befriedigung, einen liebgewordenen, angenehmen, langgetragenen Schuh selbst noch einmal geflickt zu haben – obendrein ein kleiner Beitrag gegen unsere Wegwerfgewohnheiten.

Viele Reparaturen können Sie selbst machen.

Sie brauchen dreierlei: etwas Geschick und Geduld, etwas Werkzeug und Material, ein wenig Zeit. Wie Sie es machen können, dazu will dieses kleine Buch Ihnen probate Ratschläge geben.

Es beginnt mit einer Einschränkung: Billige Schuhe aus

Billige Kunststoffschuhe lassen sich nicht reparieren.

Gute Schuhe sind aus Leder.

Bild unten:

Die Schuhmacher verwenden eine Reihe von Fachausdrücken. Hier eine kleine Topographie des Schuhs, damit wir wissen, wovon im folgenden die Rede ist.

synthetischem Material und Lederimitaten lassen sich schwer raparieren. Nähte sind oft nur optische Attrappe, sie lassen sich nicht öffnen und wiedervernähen. Sohlen sind zusammen mit dem Unterbau ein Guß. Sie lassen sich nicht erneuern. Davon abgesehen, daß Sie Ihrem Fuß mit solchen Schuhen keinen Gefallen tun – sie nehmen Hautfeuchtigkeit nicht auf und leisten wenig Temperaturausgleich – auch willige Schuhmacher werden Kunststoffschuhe nicht reparieren können. Solche Schuhe sind ein unserer vielgenannten Wegwerfgesellschaft adäquates Produkt und für raschen Verbrauch bestimmt.

Dies als Hinweis für künftige Kaufentscheidungen: Wertvolles Schuhwerk erkennt man an reichlicher oder gar ausschließlicher Verwendung von Leder.

Leder ist warm. Leder ist elastisch und paßt sich dem Fuß an. Leder ist hautfreundlich. Leder ist strapazierfähig. Leder hat als Naturwerkstoff noch viele lobenswerte Vorzüge; aber auf einen Vorzug kommt es uns hier besonders an:

Leder ist reparaturfreundlich!

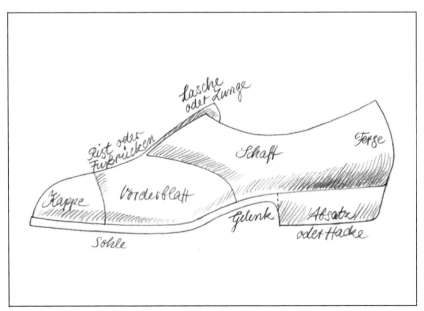

Das Werkzeug Es ist nicht viel, was Sie zu kleinen Schuhreparaturen brauchen. Manches wird sich in Ihrem Haushalt finden oder nach Beschaffung auch für andere Zwecke verwenden lassen.

Leder läßt sich nur mit sehr scharfen Messern und Scheren bearbeiten. Schuhmacher schneiden fast ausschließlich mit ihrem giftscharfen Kneif oder Kneip, der unermüdlich nachgeschärft wird.

Was für die in diesem Buch beschriebenen Reparaturen notwendig ist und auch, was Sie dazu gut gebrauchen können, ist auf den Seiten 8 und 10 abgebildet und genannt.

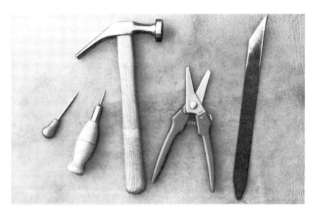

Von links nach rechts:

Verschiedene Ahlen

Schusterhammer

scharfe Allzweckschere oder spezielle Lederschere

Schusterkneip oder ein ähnliches, geeignetes Messer

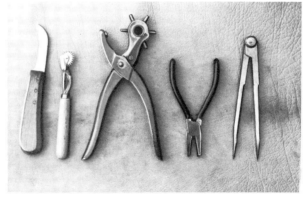

Von links nach rechts:

ein gebogenes Messer

Kopierrädchen

Lochzange

kleine Flachzange

Zirkel

Von links nach rechts:

Schleifkork
Wetzstahl
grobe Raspel
kleiner Amboß o. ä.
verschiedene Nadeln
Stahlbürste
harter Pinsel

Das Material

Kontaktkleber
Zwirn
Wachs
verschieden große Hohlnieten

verschieden große Ösen und passendes Werkzeug dafür
verschieden starke Lederstücke
Steckflecke, Absätze und Sohlenmaterial
Lederfarbe
Schleifleinen

Arbeiten an der Sohle

**Kanten
auffüttern**

Weil die Sohle der am meisten beanspruchte Teil Ihrer Schuhe ist, beginnen wir mit unseren Reparaturanleitungen bei Sohle und Absatz.

Waschen und trocknen Sie die Schuhe gründlich, bevor Sie daran arbeiten. Meist ist es sinnvoll, dieselbe Reparatur gleich an beiden Schuhen zu besorgen.

Verwenden Sie für die Arbeit kein fremdes Material, also Gummi zu Gummi und Leder zu Leder.

Wenn Hacke oder Sohle nur an einer Seite abgetragen sind, genügt es, diese Kanten aufzufüttern.

Material:
Reparaturkeil,
Spezialkleber.

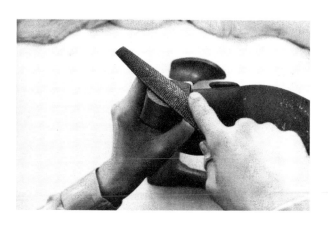

Raspeln Sie die abgelaufene Kante so ab, daß eine gerade Fläche entsteht. Raspeln Sie reichlich, damit Sie eine genügend große Klebefläche haben.

Mit einem kurzen, harten Pinsel können Sie den Klebstoff am besten in den Reparaturkeil und in den Absatz satt, aber nicht dick einstreichen.

Halten Sie unbedingt die angegebene Trockenzeit ein!

Bei Kontaktklebern ist meist nicht die Zeit, sondern die Stärke des Andrucks entscheidend. Der Schuhmacher arbeitet hier mit dem Hammer oder mit der Druckpresse.

Mit dem scharfen Schuhmacherkneip lassen sich die überstehenden Ränder sauber abschneiden. Schonen Sie dabei den Absatzschaft – und Ihre Hände!

Sohle erneuern

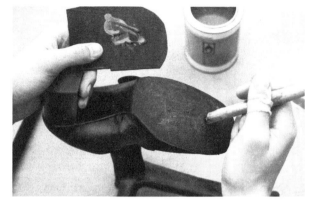

Material:

Vorgestanzte oder aus Kiloware ausgeschnittene Sohle, geeigneter Spezialkleber, Schleifpapier.

Alte Sohle entfernen, sauber abraspeln, mit hartem Pinsel beidseitig Leim einstreichen.

Unbedingt die angegebene Trockenzeit einhalten!

Um besondere Festigkeit zu erreichen, ist es gut, den ersten Anstrich ganz trocknen zu lassen und einen zweiten dünnen Anstrich nach Zeitangabe zu trocknen.

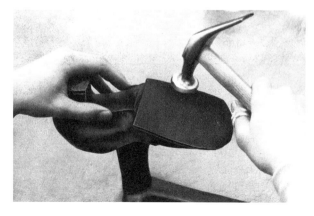

Besonders am Rand sorgfältig mit dem Schusterhammer auf einer geeigneten Unterlage (hier ein Schusterdreifuß) festklopfen.

Schneiden Sie mit dem scharfen Schusterkneip den überstehenden Rand ab, ohne die Kappe oder das Vorderblatt zu verletzen.

Schonen Sie Ihre Hände!

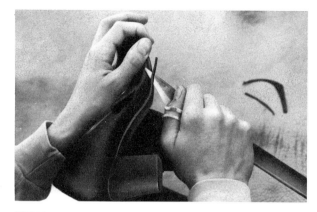

Mit der Raspel können Sie den Rand Ihrer neuen Sohle nach Gutdünken abrunden . . .

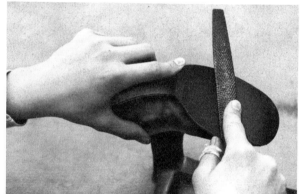

und mit Schleifpapier, das Sie um einen Klotz wickeln, versäubern.

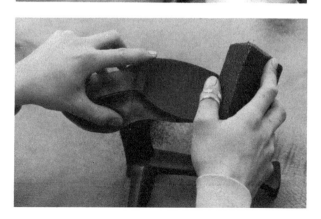

Absätze neu belegen

Je schmaler Absätze sind, desto schneller nutzen sie sich ab. Deshalb bietet die Schuhindustrie Steckflecke an, die sich rasch auswechseln lassen. Sie werden im Handel paarweise angeboten. Achten Sie beim Kauf darauf, daß es Steckflecke mit einem und solche mit zwei Dübeln, die Dübel wiederum in Stärken von 2,9 und 3,3 mm gibt. Am besten, Sie ziehen die Flecke erst ab, wie im folgenden Bild gezeigt, und nehmen sie als Muster mit zum Fachhandel.

Material:
1 Paar Steckflecke oder Absatzbeläge ohne Dübel.

Die neuen Flecke werden mit Aufsteckhülse zur Überbrückung der unterschiedlichen Dübelgrößen geliefert und sind nach Größen numeriert. Breite Absätze belegen Sie neu, wie auf Seite 14/15 an der Sohle gezeigt.

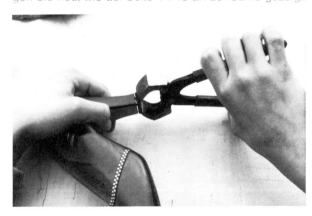

Den abgelaufenen Absatzfleck vorsichtig mit einer geeigneten Zange abziehen, dabei Beschädigungen des Hackenüberzugs vermeiden.

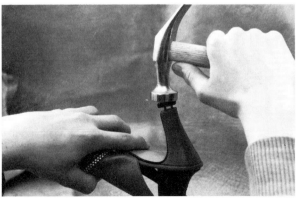

Den neuen Fleck ohne Verwendung von Kleber aufstecken und festklopfen. Wenn nötig, zuvor die mitgelieferten Hülsen aufstecken.

Einlegesohlen aus Leder

Material:

Karton,
2 fußgroße Stücke Leder oder Spaltleder, nicht zu weich, nicht zu dick.

Zeichnen Sie den Umriß des Schuhs auf Karton, und schneiden Sie diesen aus.

Ermitteln Sie mit dem Zirkel den Größenunterschied zwischen Außen- und Innensohle und zeichnen Sie diesen rund um Ihre Schablone an.

Schneiden Sie nun diesen Streifen ab, und passen Sie die Schablone genau in Ihren Schuh ein. Anders als viele gekaufte Sohleneinlagen muß Ihre Schablone den ganzen Innenboden bedecken.

Zeichnen Sie den gewonnenen Umriß auf dem Leder zweimal an.

Achten Sie darauf, daß Sie nicht zwei linke oder zwei rechte Sohlen erhalten!

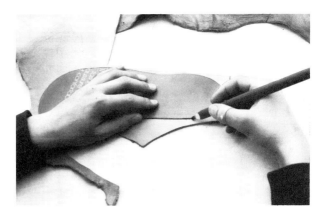

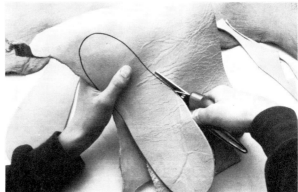

Ausschneiden

Nach Gutdünken mit der Narbe (Lederoberseite) nach oben oder nach unten einlegen, vielleicht mit einem Klebepunkt gegen Verrutschen sichern.

Ledereinlagen isolieren sehr wirksam und werten alte wie neue Schuhe entscheidend auf.

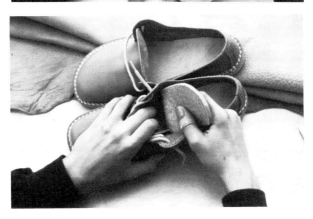

Nähte und Reparaturen

Gute Nähte – gute Schuhe

Eine lange Haltbarkeit Ihrer Schuhe hängt entscheidend von der besonderen Qualität des verwendeten Fadens ab. Darauf sollten Sie beim Kauf achten. An modernen Schuhen werden Sie ohnehin ausschließlich Mashinennähte vorfinden, die der Haltbarkeit einer handgearbeiteten Zwienaht nicht gleichkommen können.

Maschinennaht – Handnaht

Die Nähmaschine legt einen Ober- und einen Unterfaden. Wenn einer davon reißt, wird die Naht sich rasch öffnen. Bei einer Handnaht dagegen kreuzen sich beide Fäden bei jedem Stich. Wenn einer reißt, bleibt die Naht doch ganz. Wir zeigen Ihnen hier ausführlich, wie Sie eine gute Handnaht machen können.

Vorgang des Nähens

Material:
Kleber,
Wachs oder Schusterpech,
Zwirn.

Einstreichen der Nahtstellen doppelseitig mit Kleber.

Anreißen der Nahtbreite mit dem Zirkel.

Für Pedanten:

Auftragen der Stichabstände mit dem Schneiderrädchen oder auf andere Weise.

Sorgfältiges Vorstechen auf einer Holzunterlage.

Achten Sie beim Stechen mit einer lanzenförmigen Ahle darauf, daß Sie diese während der Arbeit nicht drehen und nicht nach der Seite verkanten.

Fädeln Sie den Zwirn in eine schlanke, stumpfe Nadel – es gibt spezielle Sattlernadeln – und ziehen Sie den Zwirn über Bienenwachs, eine Kerze oder über Schusterpech. Sie können starke oder dünne Fäden einfach oder doppelt vernähen.

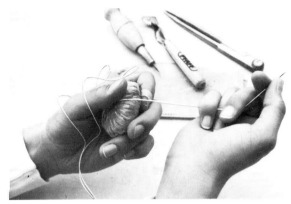

Beginnen Sie mit der Naht nicht am Rande, wo sie besonders beansprucht wird. Wenden Sie am Ende und nähen Sie über die Lücken zurück. Ziehen Sie den ersten Stich nicht fest, sondern lassen Sie eine Schlaufe übrig.

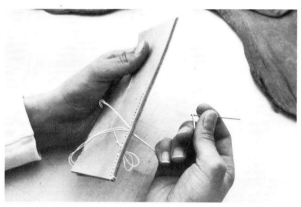

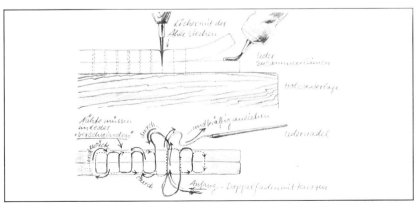

Wenn Sie richtig genäht haben, werden Sie beim ersten Stich wieder ankommen.

Jetzt ist es wichtig, die Naht ohne sichtbaren Knoten abzuschließen.

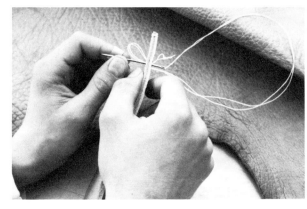

Legen Sie die Anfangs- und die Endschlinge in Form einer »8«, durchfahren Sie mit der Nadel die eine Schleife zweimal in einer Richtung, . . .

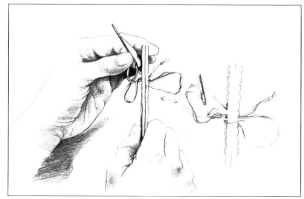

geben Sie einen Tropfen Kleber dazu und . . .

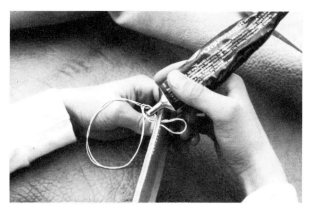

ziehen Sie den Zwirn nach beiden Seiten der Naht kräftig an.

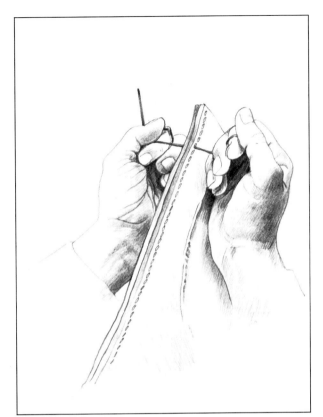

Das Ergebnis ist ein festgeleimter kleiner Knoten im Innern des Leders. Die überstehenden Enden werden knapp abgeschnitten.

Eine Handnaht ist am Anfang und am Ende geschlossen; Ober- und Unterfaden kreuzen sich bei jedem Stich.

Die Maschinennaht ist am Anfang und am Ende offen; Ober- und Unterfaden umfassen sich in der Mitte des Leders, ohne es zu durchdringen.

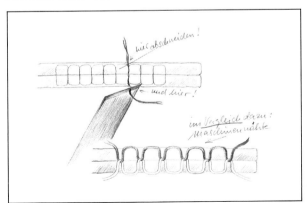

Riemen abgerissen

Material:

dünnes, zugfestes Leder, Kontaktkleber, Zwirn in passender Farbe.

Ob an oder neben der Naht gerissen, geflickt wird, wie folgt:

Schneiden Sie aus dünnem, zugfestem Leder ein Stück, das beide getrennte Teile weit genug überragt, und das in diesem Fall die Nähte des Oberleders von innen bedeckt.

kleben	Tragen Sie beidseitig Kontaktkleber auf, beachten Sie die Trockenzeit, führen Sie die Teile zusammen und pressen oder hämmern sie aufeinander.
durchstechen	Stechen Sie mit Hilfe einer Unterlage mit der Ahle durch die Löcher der ursprünglichen Naht,
nähen	nähen Sie, wie auf den Seiten 20–23 gezeigt, mit doppeltem oder einfachem Zwirn,
abschneiden	und schneiden Sie die Enden ab.

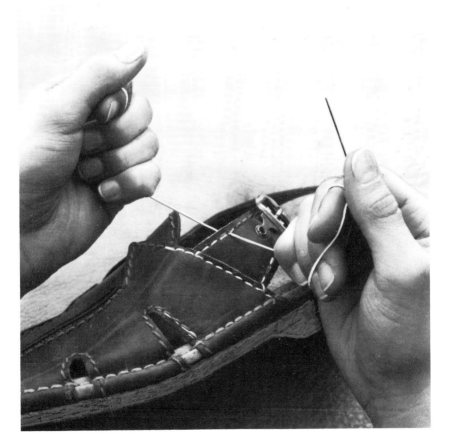

Schließe erneuern

Material:

Streifen aus farblich passendem Leder, Kontaktkleber, Zwirn in der rechten Farbe.

Das Gummiband, das hier die Schließe festhielt, ist gerissen – wir reparieren mit Leder.

Aufschneiden der Naht und Entfernen der Reste des alten Bandes sowie der Fadenreste.

Anreißen des Lederstreifens mit Hilfe des Zirkels genau in der Breite der Schließe.

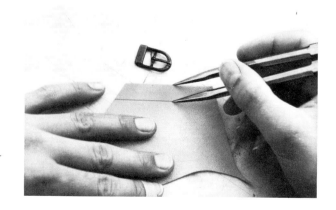

Ausschneiden des Schlitzes für den Dorn der Schließe mit Hilfe der Lochzange und des Kneips.

Auftragen des Kontaktklebers.

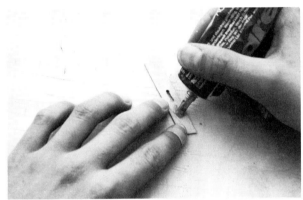

Einführen der Schnalle und Ausschärfen (Verjüngen) der Lasche.

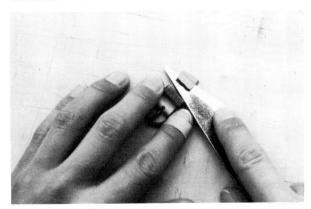

Bestreichen aller zu verklebenden Flächen mit Kontaktkleber.

Trockenzeit beachten!

Einkleben der Lasche und Vorstechen durch die Löcher der alten Naht.

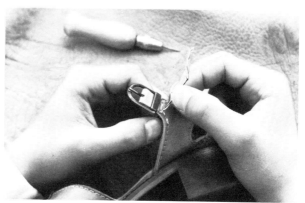

Nähen, wie auf den Seiten 20–23 gezeigt.

Öse erneuern

Material:

kleine, dünne
Lederflecke,
Öse mit Gegenring
in der passenden
Größe.

Besonders an billigen Schuhen fehlt immer wieder mal eine Öse oder ein Haken. Dies rührt daher, daß an Konfektionsschuhen meist Ösen ohne den stabilisierenden Gegenring verwendet werden. Sie lösen sich leicht aus dem Leder.

Damit Ihre Reparatur sich lohnt, tun Sie gut daran, mit einem kleinen, dünnen Fleck das verletzte Leder erst einmal zu versteifen und erst dann die Öse, wie gezeigt, zu ergänzen.

Mit der Lochzange oder, wenn nötig, mit einer Lochpfeife stanzen Sie die Öffnung im Schaft nach. Wenn das Leder verletzt ist, sollten Sie erst einen kleinen Fleck auf die Innenseite leimen und dann das Loch nachstechen.

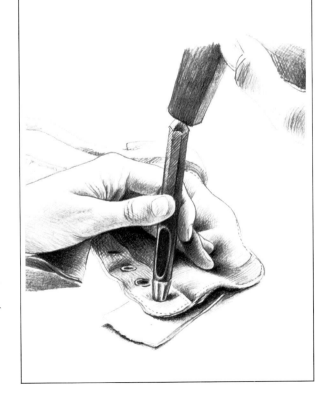

Die Skizze zeigt, wie die Teile der Öse und die Teile des Werkzeugs zueinander gehören. Zur Festigung sind hier 2 dünne Lederflecke eingefügt.

Ösen dieser und anderer Größen samt dem nötigen Werkzeug bieten Kurzwarengeschäfte an.

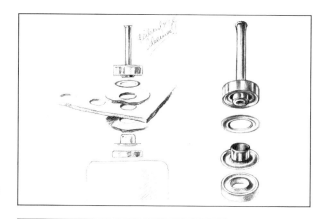

Mit Hilfe eines Hammers und einer festen Unterlage können Sie jetzt die Öse einschlagen.

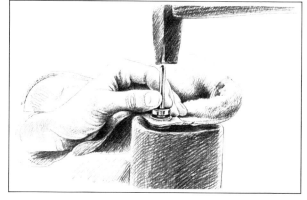

Im übrigen hält der Fachhandel außer Ösen, Haken, Ringen, verschiedenen Patentknöpfen, Nieten, Ziernieten und allerlei Verschlüssen eine große Auswahl kleiner und größerer Armierungen aus Metall oder Kunststoff für fast jeden Bedarf bereit.

Andere Arbeiten

Damit können Sie neben Ihren Schuhen auch Taschen, Schulranzen, Futterale, Koffer und Gebrauchsgegenstände aus Leder reparieren und ergänzen.

Einsetzen eines neuen Reißverschlusses

Material:
Reißverschluß,
Zwirn,
Kontaktkleber.

Bevor Sie zu Werke gehen, besorgen Sie sich einen kräftigen Ersatzreißverschluß in passender Länge und Farbe.

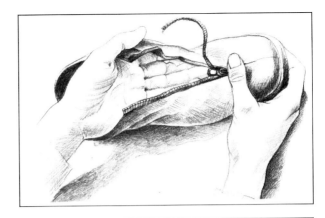

Trennen Sie jetzt mit einem scharfen Messer den alten Reißverschluß aus dem Schuh.

Schneiden Sie vorsichtig, damit Sie das Schaftleder nicht verletzen!

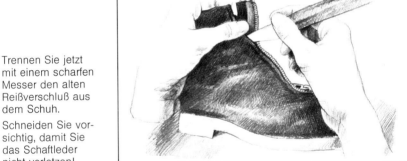

Bestreichen Sie die Klebeflächen mit Kontaktkleber, ...

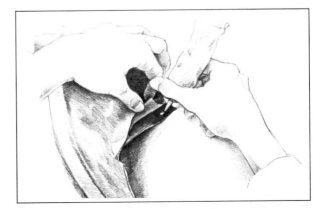

ebenso die entsprechenden Flächen des Reißverschlusses. Trockenzeit einhalten!

Bei einem gefütterten Schuh wie diesem wird der Reißverschluß beidseitig bestrichen und zwischen Oberleder und Futter geklebt.

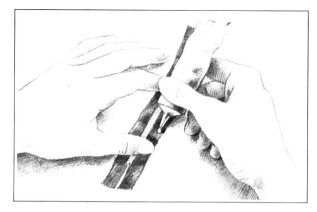

Nun den Reißverschluß sorgfältig einkleben!

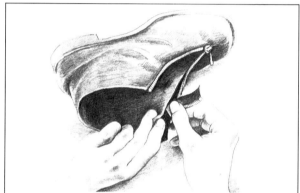

Jetzt kann ohne Vorstechen durch die Löcher der alten Naht genäht werden. Siehe dazu Seite 19–23.

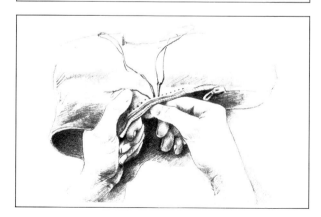

Schlaufe ersetzen

Material:
Ersatzöse,
Hohlniete,
etwas dünnes
Leder,
Kleber,
Zwirn.

Schneiden Sie aus dünnem Leder einen passenden Streifen, den Sie doppelt um die zerrissene Stelle kleben.

Nähen Sie, wie auf den Seiten 19-23 gezeigt, ...

und stanzen Sie ein Loch durch alle drei Leder an der richtigen Stelle für die Niete.

Jetzt können Sie die Hohlniete einführen – sie muß lang genug sein – und mit dem Hammer stauchen.

Mit Lederfarbe läßt sich der Fleck dem Schuh angleichen. Gebrauchsanleitung beachten!

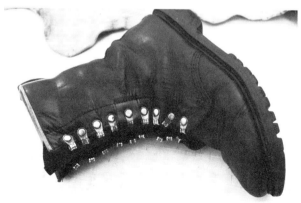

Nicht unsichtbar – aber sachgerecht!

Wo der Schuh drückt

Sie können uns schon Sorge machen und unsere Beweglichkeit erheblich einschränken: Hühneraugen, Warzen, »Überbeine« und ähnliches.

Oft wurden diese kleinen Leiden irgendwann durch unpassendes Schuhwerk verursacht. Wenn Sie damit leben müssen, können Sie Ihre Schuhe weiten und die Schmerzen mindern. Der Handel bietet dazu ein Lösungsmittel flüssig im Fläschchen und in Form einer kleinen Spraydose an. Nur sollten Sie den dort beschriebenen Gebrauchsablauf etwas erweitern:

Anziehen des Schuhs und Einsprühen der beengenden Stelle allein wirkt wenig!

Platz schaffen für das Hühnerauge

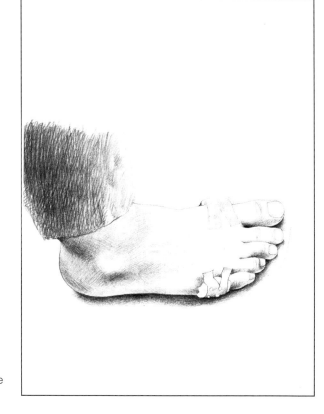

Schlecht passende Schuhe bewirken Hühneraugen.

Tragen Sie auf die Stellen Ihrer Leiden dicke Wattebäusche mit Heftpflaster auf,

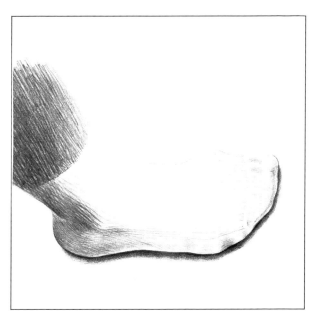

schlüpfen Sie damit
in die Socken . . .

und dann in die
Schuhe – es tut
nicht lange weh –
und tragen Sie jetzt
das Lösungsmittel
nach Anleitung auf.
Behalten Sie die
Schuhe an, bis die
Stellen ausgeweitet
und wieder trocken
sind.

Wenn Sie vorsichtig
zu Werke gehen,
können Sie Trok-
kenränder vermei-
den.

Ferse reparieren und neu füttern

Material:
Papier,
weiches Leder,
Leim,
Zwirn.

Schneiden Sie aus Papier ein in die Ferse passendes Trapez, etwa in dieser Form.

Schneiden Sie es an der Schmalseite zackenförmig aus und passen Sie es erneut in die Ferse ein.

Schneiden Sie nach dieser Schablone ein Stück weichen Leders aus.

Nähen Sie die offene Ferse erst wieder mit einem kräftigen Zwirn zusammen, ...

lösen Sie nun die Innensohle und bestreichen Sie den Lederfleck und die Ferse von innen mit Kontaktkleber.

Trockenzeit einhalten!

Passen Sie den Fleck – wie hier gezeigt – in die Ferse ein und pressen oder klopfen Sie die Teile aufeinander.

Stechen Sie mit der Ahle auf einer Unterlage durch die Löcher der alten Naht vor.

Nähen!

Siehe Seite 19–23.

Zwirn kräftig ins Leder ziehen, damit er sich nicht an den Socken aufreibt.

Abschneiden des überstehenden Stücks mit einer Lederschere.

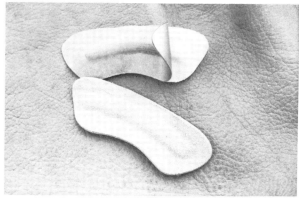

Der Handel bietet für diesen Zweck unter anderem die hier gezeigten selbstklebenden Ferseneinlagen an. Diese eignen sich auch, um zu lange Schuhe etwas zu verengen.

Mangelhaftes Fußbett

Oftmals bereitet einem eine zu schmale Innensohle im Schuh Probleme beim Laufen. Die Lücke, die zwischen Innensohle und Schuh klafft, wird man beim Gehen zu spüren bekommen.

Der Fuß reagiert darauf zum Beispiel mit lästigen Hornhautansätzen.

Sie sollten beim Kauf darauf achten, daß die Innensohle genau paßt und nicht überhöht ist.

Gegebenenfalls können Sie durch eine Lederinnensohle Abhilfe schaffen, wie auf den Seiten 17/18 gezeigt.

Schuhwäsche mit Sattelseife

Säubern, färben, imprägnieren

Die liebsten Schuhe sind oft auch die meistgetragenen und die am meisten strapazierten.

Vielleicht haben Sie einmal das Bedürfnis, Ihre guten alten Stiefel von Grund auf zu säubern und zu pflegen.

Leder lohnt gute Pflege.

Dasselbe können Sie selbstverständlich auch mit anderem gröberem Lederzeug wie Taschen, Schulranzen und ähnlichem anstellen. Leder hält das gut aus und wird wieder geschmeidig und schön, auch wenn es steif und spröde war. Schuhe verlieren die verharzten Reste alter Pflegemittel und tragen sich wieder angenehmer, undichtes Leder wird wieder wasserfest.

Material:
Sattelseife, Schwamm, Lappen, warmes Wasser, Spezialimprägnierfett.

Mit dem nassen Schwamm reichlich Sattelseife aufnehmen.

Den vorgereinigten Stiefel gründlich damit bearbeiten, besonders an Nähten und Falten.

Sattelseife aus dem Leder waschen, mit einem Tuch abtrocknen.

Stiefel an einem luftigen Ort trocknen lassen, dazu mit Zeitungspapier ausstopfen, damit sie nicht schrumpfen.

Am nächsten Tag so viel Imprägnierfett in den Schuh reiben, wie das Leder aufnehmen kann.

Einwirken lassen.

Mit einem Baumwolltuch wienern.

Einige Tage später vielleicht noch einmal imprägnieren.

Wenn Sie in diesen Stiefel jetzt noch eine neue Einlegesohle aus Leder einarbeiten, wie auf den Seiten 17/18 gezeigt, werden Sie wieder gut darin zu Fuß sein.

Zur Pflege Ihrer Schuhe finden Sie auf dem Markt eine Unzahl von Präparaten, viele in Form von Sprays und aufwendigen Reinigungs- und Pflegesets.

Die hier gezeigte Reinigung hat all diesen Mitteln voraus, daß Schmutz und verharzte Pflegemittelreste nicht zugedeckt, sondern von Grund auf entfernt werden.

Diese Reinigung ist chemisch unbedenklich, farbunabhängig und preiswert; Sie brauchen lediglich etwas Zeit dazu.

Der Gummistiefel hat ein Loch

Für jedes Material den passenden Spezialkleber!

Gummistiefel müssen viel aushalten: Winter- und Herbstspaziergänge, Kinderabenteuer, Gartenarbeit, Baustelle, das hält der stabilste Gummistiefel nicht immer ohne Schaden durch.

Diese wie andere Gummi- oder Kunststoffschuhe wird Ihnen kaum jemand reparieren. Sie können es selbst machen, Sie müssen nur den rechten Kleber und den richtigen Fleck finden.

Wie sich solches Schuhwerk reparieren läßt, hängt vom Material ab. Manches läßt sich wie ein Fahrradschlauch, auch mit demselben Flickzeug ausbessern, anderes wiederum nicht. Manchmal bindet auch sogenannter Sekundenkleber untrennbar.

Fragen Sie im Fachhandel, auch dort, wo Luftmatratzen und Boote verkauft werden. Kaum zu kleben sind Löcher zwischen Sohle und Aufbau.

Material:

passender Kontaktkleber,
Fleck,
Schleifpapier.

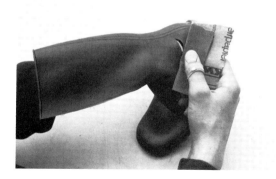

Aufrauhen der Fläche um das Loch herum mit Schleifpapier oder Schleifleinen.

Auftragen des Klebers um das Loch und auf den Fleck.

Trockenzeit genau nach Anleitung einhalten!

Aufklopfen des Flecks auf die defekte Stelle.

Defekt an anderen Gummischuhen

Material:

Auch für Gummischuhe gilt: Nur ganz spezielle Kleber binden.

Vielleicht findet sich im Flickzeug für Zelt oder Boot Passendes.

Versuchen Sie es auch mit »Sekundenkleber«!

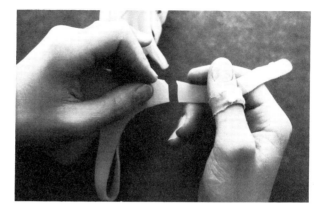

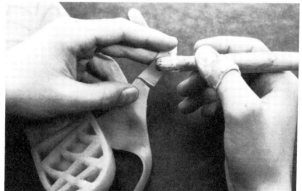

Nach dem Aufrauhen der Klebeflächen Spezialkleber beidseitig auftragen.

Wartezeit nach Anleitung.

Zusammenpressen oder -klopfen.

Tip:

Sie können mit gutem Kleber sogar Schwimmflossen und andere Sportausrüstung aus Gummi oder Kunststoffen reparieren.

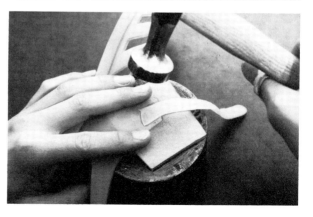

Tips

Aus der Erfahrung

Alle Arbeit wird durch Erfahrung leichter und schneller. Erfahrungen lassen sich Zeit und sind teuer. Erfahrungen muß man selber »machen«. Trotzdem sollen hier einige Tips verraten werden, damit Ihnen die Arbeit am Schuh weiterhin Freude macht.

Kaufen Sie eher weniger, aber qualitativ hochwertiges Werkzeug.

Schneiden Sie mit der Lederschere niemals Papier!

Arbeiten Sie nur mit scharfem Werkzeug!

Sie arbeiten mit stumpfen Messern nicht nur unsauber, sondern auch gefährlich.

Auf einem einfachen Abziehstein lassen sich gerade Messer vortrefflich schärfen, aber nur wassernaß oder mit Öl.

Sie können Ihre Messer auch nach Art der Metzgermeister schärfen.

Aber das verlangt Übung.

Eine freundliche Empfehlung:

Basteln Sie sich für das scharfe und spitze Gerät sichere Hüllen aus Lederresten. Ihre Hände danken es Ihnen.

Zum Schneiden, Stechen und Lochen nimmt man stets eine geeignete Arbeitsunterlage, wie hier zum Lochen einen Streifen Leder.

Man stanzt und schneidet sauberer und schont Werkzeug und Tisch.

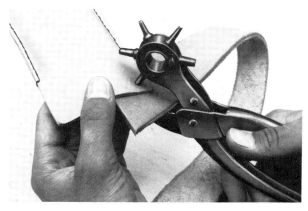

Wenn Sie, wie hier gezeigt, den Zwirn an der Nadel ziehen, wird das Öhr ausbrechen, und die Naht muß gestückelt oder neu begonnen werden.

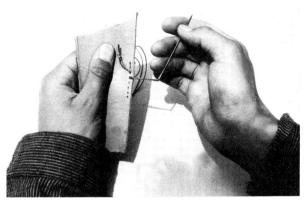

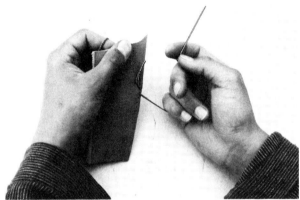

Man wickelt den Zwirn um die Finger oder um die ganze Hand und zurrt ihn fest.

Zur Schonung der Hände ist zu empfehlen, sie bereits vor der Arbeit an den besonders gefährdeten Stellen zu bepflastern; dann sind sie hinterher noch heil.

Kräftiges Leder läßt sich ohne Vorstechen nicht nähen. Nach dem Lochen näht es sich am besten mit schlanken, stumpfen Nadeln, gerade oder halbrund. Scharfkantige Nadeln schneiden bei Zwienähten den Zwirn ab; sie sind nicht für Lederarbeiten geeignet.

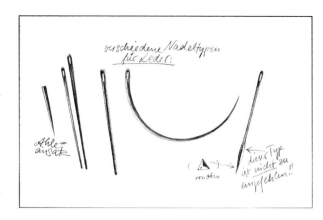

Für die Arbeit am Schuh ist ein Schusterdreifuß geeigneter als ein Amboß. Er ist in Fachgeschäften erhältlich.

Mit diesem Balsahobel lassen sich saubere Späne vom Leder abheben, um es z. B. an einer Seite zu verjüngen.

Man kann ihn im Bastelgeschäft für wenig Geld kaufen.

Ein altes Patent ist dieser Handnähapparat. Mit ihm lassen sich Nähte wie mit der Maschine machen.

Schuhmacher verwenden ihn allerdings nicht.

leimen

- Um besonders haltbar zu leimen, wenden Schuhmacher folgende Technik an: Sie bestreichen die aufgerauhte Klebestelle doppelseitig, lassen sie ganz trocknen, bestreichen nochmals doppelseitig, aber sparsam, halten die empfohlene Wartezeit ein und pressen erst dann. Die Geduld lohnt sich.

flicken

- Kleber läßt sich in schmale Ritzen mit einem Stückchen Karton leicht einbringen. Zum Vortrocknen offenhalten!

reinigen

- Schuhe vor Reparaturen stets gründlich waschen (siehe dazu Seite 41/43!), nicht in der prallen Sonne oder in starker Hitze trocknen lassen!

entfetten

- Auf gefettetes Leder läßt sich nichts kleben.

Nahtlänge

- Nehmen Sie für Nähte den Zwirn lang genug: Je nach Stärke des Leders 3-4 mal Nahtlänge, bei doppeltem Faden 6–8 mal Nahtlänge. Die Stiche macht man am besten etwa so weit, wie das Leder stark ist.

- Etwas zu große Schuhe lassen sich durch Einlegesohlen und Fersenfütterung verengen. Siehe dazu die Seiten 17/18 und 37–39.

Häufige Fehler

Nähen
- Ziehen Sie dünne Zwirne nicht zu heftig, sie könnten das Leder durchschneiden.
- Wenn Sie bei längeren Nähten den Zwirn in der Nähe des Nadelöhrs nicht immer wieder einwachsen, wird er sich an dieser Stelle rasch aufreiben und reißen.

Leimen
- Wenn Ihre Leimstellen nicht genug binden, haben Sie den Kleber vielleicht nicht doppelseitig aufgetragen; vielleicht haben Sie die empfohlene Wartezeit nicht eingehalten; vielleicht war das Material zu kalt; vielleicht war der Druck zu gering.

Nur staub-, schmutz- und fettfreies Leder läßt sich haltbar kleben. Glatte Flächen müssen zuvor mit einer Drahtbürste aufgerauht werden.

Es gibt spitze und scharfe Ahlen, wie hier gezeigt. Wenn Sie die scharfe Ahle während des Vorstechens drehen, wird die Naht nicht gerade sein, wie in der Skizze unten.

Mit scharfen Ahlen stechen Sie leicht zu viel vom Leder ab.

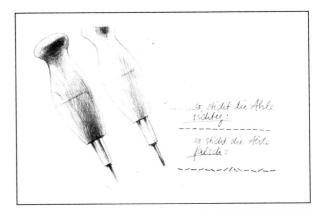

Billiges Restleder sind oft die »Seiten«, d. h. die Haut um die Glieder des Tieres.

Sie ist beweglich und bleibt es auch nach der Gerbung. Solches Leder hat meist eine stabile und eine dehnbare Richtung. Darauf müssen Sie beim Zuschneiden achten.

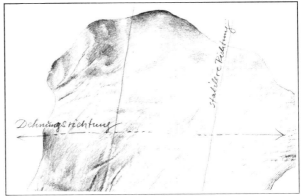

So sollten Sie Ihr Leder auf keinen Fall bearbeiten, ...

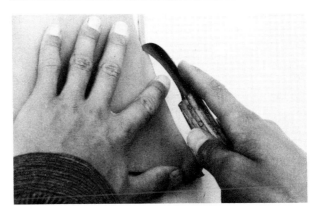

und so noch weniger!

Hände gehören stets hinter und niemals vor die Schneide, ...

weil Sie mit Ihrem scharfen Messer leicht einmal ausgleiten könnten,

und zerschnittene Hände kann nur der Arzt reparieren!

Langlauf Schuhbedarf Schröder & Mester
Spicherner Straße 56, 4600 Dortmund 1, Telefon (02 31) 17 19 99
Telex 8 227 009 lado d

Langlauf Schuhbedarf

wird verkauft
in den Heimwerkerabteilungen
der Warenhäuser
Hertie, Horten, Kaufhof,
Karstadt, Woolworth
sowie in Bau- und Heimwerkermärkten

Langlauf Schuhbedarf
informiert

Schuhreparatur aus der Tube

Mit **Langlauf**-Reparaturpaste lassen sich an allen üblichen Schuhmaterialien, wie Leder, Massivgummi, porösem Gummi, Naturcrepe und Industriecrepe, Textil, Kork und Holz und allen Kunststoffen Reparaturen ausführen.

Langlauf-Reparaturspaste gibt es in den Farbtönen:

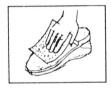

altweiß

lederfarbig

schwarzbraun.

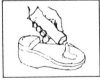

Langlauf-Reparaturpaste kann die abgelaufene oder abgenutzte Stelle am Schuh wieder ausfüllen, wie z. B. an Schuhspitzen und Absatzecken, kann durchgetragenes oder beschädigtes Oberleder verstärken und ausbessern. Es lassen sich aber auch leicht ganze Schuhsohlen und Absätze formen. Hohle Absatzkörper kann man ausfüllen, um später den Lauffleck aufzukleben oder aufzunageln. **Langlauf**-Reparaturpaste bleibt im ausgehärteten Zustand elastisch, ist sehr abriebfest und rutschfest. Die plastische Verformbarkeit bietet unzählige Anwendungsmöglichkeiten, z. B. bei Taschen, Koffern und Lederbekleidung.

Arbeitsanleitung

1. Der Untergrund muß sauber und fettfrei sein und muß immer angeschliffen werden!

2. **Langlauf**-Reparaturpaste wird reichlich auf die abgelaufene Stelle aufgetragen.

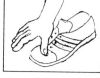

3. Nach 3 bis 5 Minuten Antrockenzeit kann die Masse mit der Hand oder auch mit einem Spachtel verformt werden. Mit dem Spachtel oder einem anderen Gegenstand kann ein Profil eingedrückt werden.

4. Nach dem Aushärten läßt sich die Paste beschleifen. Überstände können auch mit einer kräftigen Schere abgeschnitten werden.

Tragen Sie den Schuh erst 24 Stunden nach der Reparatur. Meist ist unsere Reparaturpaste abriebfester als das ursprüngliche Material.

Als Lösungsmittel verwende man Azeton.

Fersenhalter

In einem zu großen Schuh »schlupft« die Ferse, d. h. bei jedem Schritt hebt sich die Ferse vom Fersenbett ab. Auch durch Verschleiß des Schuhfutters kann dieser Zustand entstehen oder durch gewaltsames Anziehen ohne Schuhlöffel. Diesen Schaden behebt man durch Einkleben klebefertiger Fersenhalter. Dem **Langlauf**-Fersenhalter liegt Rauhpapier bei, mit dem die Innenseite der Fersenkappe des Schuhes gereinigt und gründlich angerauht wird. Wenn der Staub entfernt ist, kann der Fersenhalter, von dem die Schutzfolie vorher entfernt wurde, mit der Klebefläche auf die gewünschte Stelle in der Hinterkappe festgedrückt werden.

Kleine Tips für die Schuhreparatur

Bevor an einem Schleif- oder Polierkörper gearbeitet wird, sollten immer die Schnürbänder aus den Schuhen entfernt werden. Zu leicht können Schnürbänder von der sich drehenden Welle aufgerollt werden und den zu bearbeitenden Schuh sowie Hände oder andere Körperteile des Heimwerkers in die sich drehenden Schleif- oder Polierkörper ziehen. Dabei entstehen unangenehme Verletzungen und Beschädigungen.

Maschinell

In einem Aufspannbock läßt sich jede Bohrmaschine, die einen Spannhals hat, waagerecht feststellen. Jedoch sollte der Aufspannbock nicht zu niedrig sein, d. h. die Achse der Bohrmaschine soll möglichst hoch, mindestens aber 10 cm über dem Werktisch liegen, weil der Schuh während der Bearbeitung schräg unter das eingespannte Werkzeug gehalten wird.

Stiefel

Schaftstiefel geben Probleme auf, wenn sie über den Dreifuß gestülpt werden sollen. Eigentlich muß ein langer Arbeitsständer eingesetzt werden. Bei Schaftstiefeln mit Reißverschlußöffnungen führt man den Leisten des Dreifußes durch diese Öffnung in das Schuhinnere.

Dreifuß

Die Leisten des Dreifußes sind Nachbildungen unserer Füße, und die sind gewölbt, gerundet und ohne Kanten. Dreifüße mit scharfen Kanten schneiden in die Brandsohle. Auch sollen Dreifüße nicht zu klein sein, es läßt sich besser auf einem großen Dreifuß arbeiten.

Raspel

Raspeln finden kaum noch Anwendung bei Schuhreparaturen, weil vorwiegend mit Gummi gearbeitet wird. Deshalb ist eine gute Raspel zu ¾ als Feile ausgebildet, damit Metallteile am Schuh bearbeitet werden können. Abwinkelungen an den Raspeln brauchte man zum Abraspeln von durchstehenden Holzstiften in der Brandsohle. Diese Arbeit kommt seit 50 Jahren nicht mehr vor, nur haben einige Fabrikanten das noch nicht gemerkt.

Gummisohle Fabrikmäßig ist die Klebeseite der Gummisohlen und der Gummiabsätze geschliffen und damit für das Kleben vorbereitet. Durch die Lagerung und Beeinflussung durch die Luft entsteht eine nicht erkennbare Vulkanisationshaut, so daß der Kleber schlecht eindringen kann. Ein Nachschleifen ist unbedingt erforderlich.

Messer Wenn man den Griffteil des Schuhmachermessers mit Klebeband umwickelt, liegt das Messer besser in der Hand.

Staub Nach dem Aufrauhen oder Schleifen der Klebeflächen müssen diese mit einer Bürste vom Staub befreit werden. Staub klebt nicht!

Bei den Schleif- und Polierarbeiten läßt sich ein Haushaltsstaubsauger als Staubabzug einsetzen.

Hand- Das Unterteil des Holzgriffes wird abgeschraubt. Man
nähapparat nimmt die Spule aus dem Griff und wickelt Nähfaden (**Langlauf**-Leinenzwirn) darauf. Die gefüllte Spule wird wieder eingesetzt und das Fadenende ist durch den Schlitz zu ziehen. Wenn das Holzunterteil wieder festgeschraubt wird, kann gleichzeitig die Nadel eingesetzt und festgeschraubt werden. Das Fadenende ist weiter aus dem Schlitz zu ziehen und wird durch die Bohrung der Blech-Fadenbremse geführt und in die Nadel eingefädelt.

Die Nadel muß so eingesetzt werden, daß Nadelschlitz, Fadenbremse und Schlitz im Holzheft eine Linie bilden.

Beim Nähen liegt der Handnähapparat so in der Hand, daß der Daumen lose auf der Fadenbremse liegt. Beim Zurückziehen drückt der Daumen auf die Fadenbremse und verhindert das Nachziehen des Fadens aus der Spule.

Nähvorgang

Faden ungefähr doppelt so lang, wie die Naht werden soll, aus dem Nadelöhr herausziehen. Daraufhin den ersten Stich durch die zu vernähenden Teile machen und das lange Fadenende völlig nach oben durchziehen.

Nadel wieder herausziehen unter gleichzeitigem Druck auf die Fadenbremse und nun je nach gewählter Stichlänge die Nadel wieder etwas zurückziehen, wodurch eine Schlaufe entsteht, durch welche das lange Fadenende ganz durchzuziehen ist.

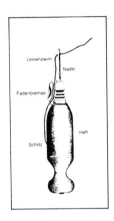
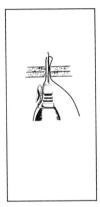
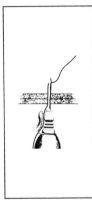
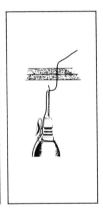

Nach nochmaligem Zurückziehen der Nadel sind beide Fäden fest anzuziehen, und zwar der untere Faden durch Druck auf die Fadenbremse, der obere Faden mit der anderen Hand.

Bei einiger Übung geht der Nähvorgang sehr schnell vor sich. Die Naht ist von beiden Seiten gleichmäßig sauber und ähnelt der Naht der Nähmaschine.

Die Stichlängen können beliebig gewählt werden, sie richten sich nach dem Material und der Beanspruchung.

Ersatznadeln führen wir im **Langlauf**-Programm.